Barbara Schmitt

Impressionen einer Insel

Kurze Geschichten und Gedichte

Impressionen einer Insel

Kurze Geschichten und Gedichte

kurzweilig - gefühlvoll - tiefgründig

Barbara Schmitt

Vorwort

Nach fünfjährigem Aufenthalt auf
der Insel Wangerooge habe ich
schöne Eindrücke mit nach Hause
genommen und in diesen kleinen
Geschichten und Gedichten
bewahrt. Kommen Sie mit und
erfreuen und erfrischen Sie sich
daran!

Möwen sonnen sich

Noch warm angezogen im März, gehe ich den Strand hinunter, unberührt, keine Fußstapfen, wunderschön frisch von der gerade abgelaufenen Flut, nach Muscheln und Fischen riechend, weitläufig, es ist Ebbe, das Wasser hat Kuhlen gebildet und einige Möwen hocken sich da hinein und verkosten die Frühlingssonne - sie fliegen nicht weg, wenn ich in respektvollem Abstand vorübergehe, und sie warten auf ihr täglich Brot in der sicher wiederkehrenden Flut. Danke für das so selbstverständliche tägliche Brot und die so sicher wiederkehrende Frühlingssonne!

Vogellieder

Vogellieder trösten
meine verletzte Seele.
Schwere verliert sich
in zartem Gefieder.

Zauber

Ein Vogel singt,
die Welt versinkt
ins erste Halleluja,
taucht auf, vergisst den Zauber
und wird schal.

Dürer - Hase

Kurze Pause beim Kartenspiel,
befreiender Blick nach draußen.
Ein Hase hockt im Gras ganz still,
wie gemalt von Künstlerhand.
Die Osterglocken neben ihm
läuten licht. Der Frühling ist da!

Schöpfung

Irgendwie fand ich keine Zeit zur
gewohnten Meditation in meiner
Wohnung und sehnte mich nach
einem meditativen Spaziergang am
Meer - ich gehe, barfuß, mal im
trockenen Sand, mal in den
heranspülenden Wellen vorsichtig
an den kleinen Muscheln und
Steinen vorbei , wie von selbst, die
Wellen plätschern behutsam an
den Strand, der Wind berührt
meine Haut angenehm, besonders
im Gesicht, das Wasser spiegelt
den blauen Himmel, bis dann und
wann eine Wolke alles seltsam
verdunkelt, um gleich wieder das
blendende Licht der Sonne
freizugeben, der Duft des Wassers
- uhrig, eine ganz alte Vertrautheit
nährender Geborgenheit, das
sandige Gespür unter meinen

Füßen, bewegt, tragend, immer
anders, ganz da, hineinverloren in
die unbegrenzte Weite des
Wassers, eingebettet in gefühlte
Natur - Schöpfung im Gleichklang
mit meinem Körper - ja! Und ein
kleiner Seehund taucht immer
wieder neben mir auf, er
schwimmt ungewohnt nah am
Strand - begleitet er mich?
Verstehen wir uns einfach so?

Horizont unendlich

Sonne scheint von mattblauem
Himmel zu mir ins Meer,
Früher Mittag, die Flut kommt,
die Luft wohlig warm,
das Wasser wie immer,
kalte Überwindung.
Ich schwimme und suche das
'Hinter dem Horizont',
und spüre es im Wassertropfen.

Regenbogen

An der unteren Strandpromenade
angekommen, direkt oberhalb des
Sandstrandes, schaue ich so vor
mich hin, das Wetter eingehüllt in
Gegensätze, Regen und Sonne und
da , wie aus dem Nichts entfaltet
sich ein riesiger Regenbogen auf
dem Wasser, umspannt das Meer,
erst zart und wird dann kräftig,
Farben zum Anfassen, Eintauchen,
Trinken - der Bogen steht auf dem
Wasser, taucht an beiden Enden in
die glitzernde Oberfläche hinein,
spiegelt sich nur ganz zart, sanft,
verschmilzt er mit den Tropfen des
Meeres - ein uraltes Bild des
Friedens und der Geborgenheit -
wir sind behütet!

Stille

Oh zerbrich die Stille nicht!
Dieses unsichtbare Licht,
scheut das Dunkel nicht,
wandelt unsern Blick!
Oh zerbrich die Stille nicht!

Tau-Perle

Eine Tau-Perle rollt
ein Blatt entlang,
tränkt die müden Blüten dann.

Bewahren

Die Augen berühren noch,
was wir gerade losgelassen.
Nur das Herz bewahrt,
was wichtig ist!

Verloren und geborgen

Wie immer, verkoste ich das Gehen
barfuß genau an der Stelle, wo das
Wasser auf die Erde,
d.h.den Sand trifft - Kante von
Land, Grenze, festgehalten vom
Sand, gleitend in Unumgrenztes,
Unerkennbares, Tiefe und Weite ,
sich verlieren, führen und tragen
lassen in den Gedanken, im
Nachspüren, schaue ich
gedankenverloren aufs Wasser -
da, ein kleiner Seehund bewegt
sich in Richtung Strand -
unmöglich, denke ich, wie töricht,
er muss doch ins Meer
schwimmen - wie Recht er hat, er
ist verletzt und verlorengegangen
und vertraut sich nun den
Menschen an, lässt sich verletzbar
an Land spülen - ich entdecke ihn,

aber nicht sofort seine verletzte Flosse, hole Hilfe." Nein, der hat sich nur verirrt, der wird seine Mutter wiederfinden", hieß es. „Nein", sage ich,"der hat keine Mutter mehr" - mein geübter Blick für solche Dinge sollte sich bewahrheiten und endlich entdecken wir auch seine Verletzung .Er wird geborgen - wir Menschen sind doch dazu berufen - wie schön!

Hände küssen

Ich möchte deine Hände küssen, die den Samen auf die Erde warfen, den Pflanzen wachsen halfen, die Ernte in den Händen tragen. Ich möchte deine Hände küssen, die unsere Schöpfung haben bewahrt!

Oder so

Ein schöner Sommertag auf der
Insel. Es ist noch früh, als ich zu
meinem Arbeitsplatz über
autofreie Straßen gehe und in eine
Seitenstraße einbiege, die zu dem
Haus am Deich führt - hier auf
diesem Weg, umgeben von
prächtigen Sommerblumen in
gepflegten, kleinen Inselgärten
kommt mir ein Insulaner entgegen
und grüßt: "Moin, Moin" ,
das heißt nicht Guten Morgen,
sondern Guten Tag. Obwohl ich
doch schon ein paar Jahre auf der
Insel lebe, will mir dieser Gruß
einfach nicht über die Lippen
kommen, so antworte ich mit
meinem altvertrauten Heimatgruß
"Grüß Gott" - Schweigen, dann

kommt von seiner Seite:
"oder so". Was für ein Friedens-
wort! - oder so - ich bin anders als
du und denke anders als du, eben -
oder so -. Du kommst aus einem
anderen Land, hast eine andere
Religion eben: oder so! Danke!

Selbsterkenntnis am Hundestrand

Richtig schönes Wetter schon bei
21 Grad am Meer, Nordsee.
Freude auf einen angenehmen
Sommertag, wage ich den Weg
zum Hundestrand ganz am Ende
des Strandbereichs. Ein friedlicher
Anblick, wie die verschiedensten
Hunde von Handtaschengröße bis
kleines Kalb sitzen, spielen,
herumtollen, sich in den Sand

rollen, auf dem Rücken liegend
sich genüsslich am Sand reiben.
Dann gehe ich am Wasser entlang
und bin erstaunt - ein Hund läuft
kraftstrotzend in die mäßige
Brandung, plantscht mit dem
Wasser, scheint es zu genießen. Ein
Stück weiter ein Hund, der im
heranspülenden Wasser
herumtappt – Frauchen muntert
ihn auf, stapft selbst ins kühle Nass
und redet beharrlich auf ihn ein,
aber es ist nichts zu machen, er
geht nicht ins Wasser – Angst,
Instinkt, Erfahrung?.. Und wieder
ein wenig weiter pirscht sich ein
bellend aufgeregter Hund an einen
entgegen kommenden heran, der
sich noch in erheblichem Abstand
sofort platt ergeben in den Sand
hockt -   kenne ich all diese

Verhaltensweisen nicht auch? Wie
gut, dass ich sie mal so unverblümt
und unverstellt spüren und
erkennen darf - Danke!

Labender Blick

Mein Arbeitsplatz im Haus am
Deich, der nicht sehr steil und
nicht sehr hoch vor meinem
Fenster aufsteigt, gibt einen
wunderbaren Blick auf die Natur
frei - jetzt im Frühsommer, so weit
die Augen reichen, eine Pracht
an Heckenrosen, aufgeblüht, halb
offen, Knospen, rosa, zartrosa,
weiß, hellrot, dunkelrot und die
mittelgrünen Blätter dazu - ich
fühle ihre Zartheit in meinem
Gesicht, die Farbenkraft in

meinem Körper, den feinen Duft
in meinem Denken - labend immer
in kurzen Pausen zwischendurch
- Danke!

Heckenrosenreigen

Die Sonne hat sie wachgerufen
sie breiten ihre milchig-rosa
Blütenblätter auf den langen
wilden Trieben mit grünen
Blättern tupfend aus!
Ein kleiner Bogen, Blütenkranz
Blütentor – uns zu schmücken,
hindurchzugehen als Erwählte!

Die Naturfackel

Es ist November, Zeit, in der wir uns schon den Martinsfackeln entgegensehnen. Es dämmert und ist diesig an diesem Nachmittag, ich gehe, wie so oft, über die untere Strandpromenade zum Abendgottesdienst , und gedankenversunken schaue ich erst nach einiger Zeit aufs Wasser und den Himmel - unglaublich! der Mond eine hellgelbe, große, leuchtende Fackel zum Anfassen nahe, als müsste man nur noch den Stab befestigen, um mit ihm ziehen zu können - zart nur spiegelt er sich im erstaunlich ruhigen Meer und er spricht zu mir: das Licht habe ich von der Sonne, sag den Kindern mit ihren

Fackeln, es ist die Sonne, die
kostbare Schöpfung - danke!

Ausstrahlung

Jede Zelle unseres Lebens leuchtet
aus den Sternen himmelweit,
trägt Unendliches in sich,
hebt uns erdenschwer ins Licht.

Sonnenblätter

Sonne liegt in gelbbunten Blättern
auf dem Weg im Wald.
Sie bewahren noch ein wenig
der Sonne Lebenskraft,
schenken einen letzten Trost
in dunkler Jahreszeit.
Besser als die hellen Lampen,
die man jetzt erfunden,
zu vertreiben Traurigkeit!

Naturgewalt

Kampf ist angesagt, starker Wind,
zeitweise Regen, Regenschirm
sinnlos, Brille hinderlich, der Sand
kommt überall hin bis abends ins
Bett, die Füße kommen nur schwer
voran, das Wasser ist aufgewühlt,
die Gischt weithin spürbar -
warum gehe ich raus, setze mich
dem aus, will diese Macht spüren,
meine Naturkraft und Ohnmacht,
mich durchschütteln lassen und
spüre ungezügelte Natur hautnah -
am Anfang war alles wüst und leer
und der Geist schwebte darüber -
sollte dieser Geist nicht auch in all
unseren Aufgewühltheiten und
unseren Kämpfen bei uns sein?

Eiswellen

Viele kalte Tage brauchte es,
die Lebendigkeit des Wassers zu
bannen in weiche Eiswellen am
Strand: eingefrorene Bewegung
– zum Staunen schön!
Doch warten wir sehnsüchtig auf
das Tauen!

Rosenblüten

Rosenblüten sterben leise,
still umarmen sie den Tod,
wandeln ihre Weise,
weinen nicht,
eins im Lebenskreise,
wissen, wo der Himmel ist!

Kupfermond

Es ist November, schon so früh dunkel. Auf der oberen Strandpromenade gibt es Lichter, aber ich stehe und plaudere mit anderen im etwas dunkleren Bereich. Irgendwie fühle ich mich wohlwollend beobachtet und schaue unvermittelt senkrecht über mir in den tiefblau bis schwarzen Himmel: ein prächtiger voller, runder, goldrötlicher Mond, ganz warm, ganz weich - nein, der Mond scheint nicht nur kalt auf unsere Erde!

Letzte Rosen

Noch einmal neue Blüten,
ein letztes Mal in diesem Jahr!
Viele kräftig rosa leuchtend,
dicht gefüllte Blütendolden!
Im Anschau'n dieses Bildes
öffnen sich die Herzen,
ruft Natur dem Menschen zu:
„Seid umschlungen Millionen"!

www.ingramcontent.com/pod-product-compliance
Lightning Source LLC
LaVergne TN
LVHW021712210726
843510LV00015B/1413